Direção Presidência: Mario Ghio Júnior
Direção de Conteúdo e Operações: Wilson Troque
Direção editorial: Luiz Tonolli e Lidiane Vivaldini Olo
Gestão de projeto editorial: Tatiany Renó
Edição: Juliana Ribeiro Oliveira Alves e Sheila Tonon Fabre
Planejamento e controle de produção: Patrícia Eiras e Adjane Queiroz
Revisão: Hélia de Jesus Gonsaga (ger.), Kátia Scaff Marques (coord.), Rosângela Muricy (coord.), Ana Paula C. Malfa; Amanda T. Silva e Bárbara de M. Genereze (estagiárias)
Arte: Daniela Amaral (ger.), Erika Tiemi Yamauchi (coord.), Karen Midori Fukunaga (edição de arte)
Diagramação: Karen Midori Fukunaga
Iconografia e tratamento de imagem: Sílvio Kligin (superv.), Claudia Bertolazzi (coord.), Jad Silva (pesquisa iconográfica), Cesar Wolf e Fernanda Crevin (tratamento)
Licenciamento de conteúdos de terceiros: Thiago Fontana (coord.), Liliane Rodrigues e Angra Marques (licenciamento de textos), Erika Ramires, Luciana Pedrosa Bierbauer, Luciana Cardoso Sousa e Claudia Rodrigues (analistas adm.)
Ilustrações: Ilustra Cartoon
Cartografia: Eric Fuzii (coord.)
Design: Gláucia Koller (ger.), Erik Taketa (proj. gráfico) e Talita Guedes (capa)
Ilustração de capa: Kittikiti/Shutterstock

Todos os direitos reservados por Editora Scipione S.A.
Avenida das Nações Unidas, 7221, 1º andar, Setor D
Pinheiros – São Paulo – SP – CEP 05425-902
Tel.: 4003-3061
www.scipione.com.br / atendimento@scipione.com.br

Dados Internacionais de Catalogação na Publicação (CIP)

```
Zigue-zague caligrafia 5º ano / obra coletiva. - 3. ed. -
  São Paulo : Scipione, 2019.

  Bibliografia.
  ISBN: 978-85-474-0208-2 (aluno)
  ISBN: 978-85-474-0248-8 (professor)

  1. Caligrafia (Ensino fundamental).

2019-0078                          CDD: 372.634
```

Julia do Nascimento - Bibliotecária - CRB - 8/010142

2020
Código da obra CL 742236
CAE 648181 (AL) / 65456C (PR)
3ª edição
3ª impressão

Impressão e acabamento: Bercrom Gráfica e Editora

APRESENTAÇÃO

Nesta coleção, apresentamos atividades agradáveis e bem variadas para você dominar os movimentos necessários no traçado do alfabeto e dos numerais e desenvolver sua coordenação.

Para incentivar a caligrafia, escolhemos diversos tipos de texto encontrados no dia a dia: poesias, quadrinhas, canções, parlendas, cantigas de roda, informações publicadas em jornais e palavras em dicionários. Também incluímos brincadeiras, como cruzadinhas, diagramas, cartas enigmáticas, adivinhas, liga-pontos.

Esperamos que você goste e se divirta bastante!

Os autores

Os textos sem referência são autorais.

SUMÁRIO

Alfabeto	**4**
Encontros vocálicos	6
el – éu	8
l intercalado	10
h	12
lh	14
m depois de vogal	16
n depois de vogal	18
nh	20
Brincando com as palavras	**22**
ch	24
ge, gi	26
gue, gui	28
que, qui	30
rr	32
r entre vogais	34
r depois de vogal	36
r intercalado	38
Brincando com as palavras	**40**
ss – ç	42
s entre vogais	44
s depois de vogal	46
z depois de vogal	48
ce, ci	50
Brincando com as palavras	**52**
Sons do x	54
sc – xc	56
Encontros consonantais	58
Brincando com as palavras	**60**
Bibliografia	**64**

Alfabeto

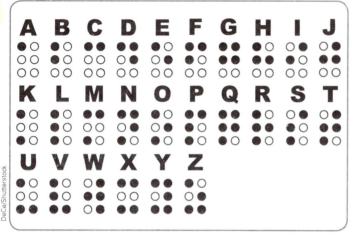

Alfabeto Braile

Alfabeto Libras

● Copie o alfabeto com capricho.

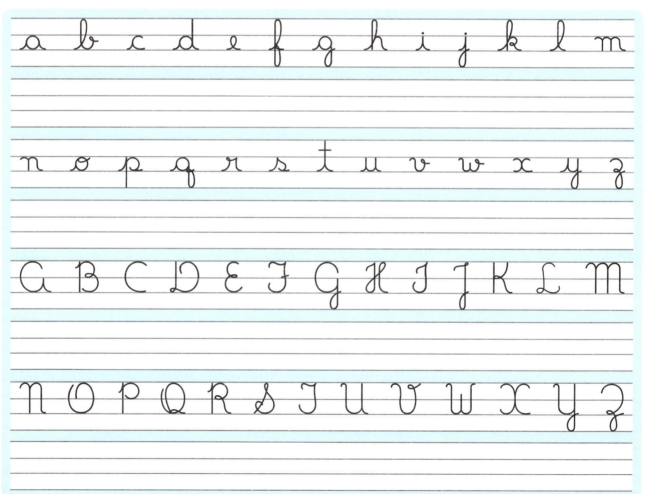

Escreva o nome das figuras em ordem alfabética.

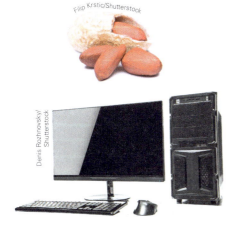

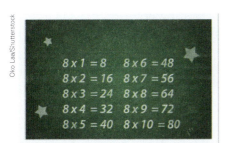

Desafio: Por que a letra **T** é a mais usada do alfabeto?

Porque TUDO começa com T.

Encontros vocálicos

O Período Jurássico inclui um intervalo de tempo entre 190 milhões e 140 milhões de anos, aproximadamente. Nesse período, os dinossauros habitavam a Terra. Eles foram extintos e hoje podemos conhecê-los somente por meio de seus fósseis.

Leia e copie o texto para conhecer um pouco mais a respeito dessas misteriosas criaturas.

Os maiores e os menores

Sabe-se hoje que existiram quase mil espécies de dinossauros. Algumas eram gigantescas, podendo alcançar até 40 metros de comprimento, e pesavam mais do que dois aviões juntos. Em compensação, outras não passavam do tamanho de uma galinha.

[...]

Dinossauros: a Terra dominada por gigantes

el – éu

🔸 **Com o pincel, podemos pintar muitas coisas. Leia o poema para saber o que Rafael pintou. Depois, copie o poema nas linhas a seguir.**

Rafael, com seu pincel,
Resolveu pintar no céu
Sete cores do arco-íris.
Colocou o seu chapéu
E também o seu anel.
Cavalgou no seu corcel
E foi correndo ao léu.
O cavalo se assustou
Com um enorme fogaréu.
Tropeçou, resfolegou...
Rafael escorregou,
Deixou cair o pincel
E foi tudo pro beleléu.

Yara Najman

● E você, o que pintaria com esse pincel?

L intercalado

Quantas espécies de árvore existem na Amazônia? Você não sabe? Não se preocupe, porque ninguém sabe. Hoje, porém, é possível ter uma estimativa por causa dos estudos feitos pelos cientistas. Leia o trecho da reportagem de Fernando Reinach e depois reescreva o segundo parágrafo.

Que árvores existem na Amazônia?

São aproximadamente 16 mil espécies. Essa descoberta veio com uma surpresa. As 227 espécies mais frequentes são responsáveis por 50% de todas as árvores presentes na região.

Essa descoberta tem implicações importantes para os estudos da região amazônica. Como grande parte da floresta é composta de um pequeno número de espécies, os cientistas acreditam que a floresta é provavelmente muito menos resistente às mudanças ambientais do que se imaginava. [...] É provável que muitas dessas espécies desapareçam muito antes de serem identificadas.

Fernando Reinach

Elaborado com base em: IBGE. *Atlas geográfico escolar*. Rio de Janeiro, 2012.

🔸 **Você sabe onde fica o Havaí? Fica no oceano Pacífico, um lugar muito longe daqui. Para conhecer um pouco desse lugar, leia o texto a seguir e localize o Havaí no mapa. Depois, copie o texto na página ao lado.**

O paraíso do surfe

O Havaí é um estado dos Estados Unidos. Está localizado no oceano Pacífico e é formado por muitas ilhas. A capital do estado é Honolulu, situada na ilha de Oahu.

Nas ilhas do Havaí, há paisagens muito bonitas e, por isso, milhões de pessoas passam suas férias lá. Suas praias de ondas enormes atraem surfistas do mundo inteiro.

lh

🟡 **Você sabia que alguns animais e algumas plantas se disfarçam para se protegerem ou para enganar suas presas? Leia e copie o texto para conhecer alguns de seus disfarces.**

O disfarce dos bichos

Você já tentou pegar um galhinho seco e ele virou bicho, abriu asas e voou? Se isso aconteceu é porque o graveto era um inseto conhecido como "bicho-pau". Ele é tão parecido com o galhinho que pode ser confundido com o graveto.

Existem lagartas que se parecem com plantas. E há grilos que imitam folhas.

Muitos animais ficam com a cor e a forma dos lugares em que estão. Eles fazem isso para se defenderem dos inimigos ou capturar bichos que servem de alimento.

José Maviael Monteiro

m depois de vogal

🔸 **Muitos povos ajudaram na formação de nossa cultura. Leia e copie o texto para conhecer um pouco sobre a contribuição dos negros africanos que foram trazidos para o Brasil como escravos.**

Cultura africana no Brasil

Veja alguns exemplos da importância dos negros africanos na formação cultural brasileira:

- na culinária, vários temperos e pratos típicos, como o vatapá, o caruru e o acarajé;
- na música, estilos como samba, choro e bossa-nova tiveram origem nos ritmos africanos;
- na dança, o samba é a maior expressão da cultura afrodescendente;
- a capoeira, manifestação afro-brasileira que envolve dança com golpes sem luta.

n depois de vogal

● Leia e copie o poema sobre um vendedor de cocada.

O vendedor de cocada

Lá vai o vendedor de cocada
com seu tabuleiro,
pano branco na cabeça.

Lá vai o vendedor de cocada
vendendo um mundo de coco:
cocada branca ou queimada
pra vida ficar mais gostosa.

Lá vai o vendedor,
tabuleiro na cabeça,
adoçando a calçada.

Roseana Murray

nh

● Você já ouviu os sons que os animais emitem? Leia e copie o texto para conhecer alguns desses sons.

Lá em casa

Lá em casa tem uma galinha.
A galinha có e os pintinhos piu.

Lá em casa tem um galo.
O galo có-có, a galinha có
E os pintinhos piu.

Lá em casa tem uma gatinha.
A gatinha miau, o galo có-có,
a galinha có e os pintinhos piu.

Da tradição popular.

Brincando com as palavras

Complete a cruzadinha com o nome das figuras. Depois, copie as palavras nas linhas, formando pares que rimam.

● **Complete e escreva ao lado.**

1 prato: A_ _ O _ E F_ _ _ _ Ã _

1 fruta: G _ _ _ B _

1 sanduíche: H_ _ _ B _ _ _ _ _ E _

1 animal: G_ _ _ _ _ N _ _

1 cor: V_ _ _ _ E _ _ _ _

ch

🔸 **Quem resiste ao chocolate? Leia e copie o texto para conhecer como ele era consumido no passado.**

O chocolate

Essa é uma invenção dos astecas, povo que habitava a América antes da chegada de Cristóvão Colombo.

Preparada à base de favas de cacau, mel e baunilha, era uma bebida escura e um tanto amarga, chamada "tchocolatl". O produto foi levado para a Europa pelos espanhóis, que acrescentaram algumas especiarias, vinho e amêndoas, o que melhorou o sabor e fez surgir uma legião de apaixonados.

Invenções: desafios e descobertas

ge
gi

● Vamos conhecer um pouco sobre duas pessoas importantes que deixaram grandes contribuições à humanidade?

Leia e copie o texto.

Mentes geniais

O italiano Leonardo da Vinci, um dos maiores gênios de todos os tempos, viveu de 1452 a 1519. Tornou-se conhecido como pintor e sua obra mais famosa é o quadro "Mona Lisa" [...]. Ele também foi escultor, arquiteto, físico, urbanista, mecânico, geólogo, cartógrafo, engenheiro, botânico e químico.

[...]

Já o norte-americano Thomas Alva Edison, que viveu 84 anos, é até hoje o recordista mundial em inventos: 1093. O mais famoso deles é a lâmpada elétrica [...].

Invenções: desafios e descobertas

que
gui

🟡 O que você sabe sobre os pinguins? Leia e depois copie o texto.

Pinguins

Os pinguins são aves marinhas que não voam, mas conseguem nadar longas distâncias. Todas as espécies de pinguim habitam o hemisfério sul, a maioria na Antártida. Essas aves alimentam-se de crustáceos, peixinhos, moluscos e são hábeis caçadoras.

Durante o inverno é comum encontrar pinguins nas praias brasileiras. São jovens que se perdem do grupo e, quando conseguem chegar vivos às praias, estão famintos e fracos.

que
qui

🔸 Você conhece estas palavras? São palavras de origem africana e indígena. Leia e copie o texto.

Origem africana: quitanda, acarajé, samba, batuque, quilombo, cafuné, quibebe, banguela, caxumba, fubá, quitute, cochilar.

Origem indígena: pequi, Itaquera, abacaxi, pipoca, carioca, sagui, caipora, cuia, mandioca, jacaré, siri, saci-pererê, curumim, gambá, catapora.

● Copie do texto as palavras que têm que e qui.

rr

> O derramamento de óleo no solo ou na água prejudica muito os seres vivos e o meio ambiente. Leia e copie o texto abaixo para saber um pouco mais sobre esse assunto.

Derramamento de óleo

Os vazamentos de óleo ou petróleo dos navios são terríveis para o ambiente marinho. Eles envenenam peixes e mamíferos. As aves também morrem, pois suas penas se encharcam de petróleo. Muitas vezes, são usados potentes detergentes para limpar o petróleo, mas eles podem ser ainda mais venenosos para a vida no mar.

Além disso, muitos pescadores ficam vários meses sem rendimento com o desaparecimento dos peixes.

Mistérios do mar: a vida sob as águas

r entre vogais

🟡 Os jacarés têm hábitos bastante interessantes. Para saber um pouco mais sobre eles, leia e copie o texto abaixo.

Hábitos e alimentação

Os jacarés gostam de se deslocar em grupos, pois são animais bastante sociais. Geralmente, eles ficam juntos tomando banho de sol ou dando um mergulho [...] Quando esquentam demais, se mandam para um mergulho no lago ou rio. [...]

Sua mordida é tão forte que eles são capazes de quebrar o casco de uma tartaruga e comer o bichinho inteiro [...] De vez em quando, eles também comem frutas para dar uma variada.

Conheça alguns fatos curiosos sobre os jacarés

r depois de vogal

● Os pássaros gostam da liberdade para voar por onde quiserem. Leia e copie o texto para saber um pouco mais sobre os pássaros.

Pássaros livres

Se todos aqueles que possuem pássaros presos em gaiolas ou viveiros abrissem as portas, dando-lhes liberdade, nossos pomares se encheriam de canto, nossos jardins ficariam novamente enfeitados pela plumagem linda e colorida dessas pequeninas e graciosas criaturas, e muita gente que vai aos parques, e lá se sente triste pela quietude da paisagem, voltaria a ficar alegre, quando ouvisse os trinados de centenas de pássaros.

Aldo Aguiar

R intercalado

- Você já viajou de trem? Por quais lugares o trem passou e que coisas foi deixando para trás? Leia e copie o poema imaginando tudo isso.

Lá vai o trem com o menino
lá vai a vida a rodar
lá vai ciranda e destino
cidade e noite a girar
lá vai o trem sem destino
pro dia novo encontrar
correndo vai pela terra,
vai pela serra,
vai pelo mar
cantando pela serra do luar
correndo entre as estrelas a voar
no ar
[...]

Ferreira Gullar

Brincando com as palavras

🟡 A natureza está em perigo! Estes animais estão ameaçados de extinção. Desembaralhe as letras e escreva o nome deles.

JÉRACA-ED-OPAP-REALOMA

OIMC-EÃLO-AUDOROD

GTTARUARA IARANHM

XEIEP-IOB

HNARAIRA-ULAZ

ÇOAN-TAAINDP

41

ss – ç

- De onde vem o açaí? Para saber um pouco mais sobre essa fruta, leia e copie o texto.

Você gosta de açaí?

O açaí é uma fruta muito nutritiva e energética, rica em proteínas e vitaminas. De cor roxa, é o fruto de uma palmeira chamada açaizeiro, que cresce no norte do Brasil.

Consome-se muito a polpa de açaí na tigela. Mas você pode comer açaí em forma de suco, geleia e sorvete. Ou, em forma de pirão, comer com peixe assado. A fruta também é usada para fazer cremes e xampus.

● **Copie do texto as palavras que têm ss e ç.**

43

s entre vogais

🔸 Será que tudo pode virar brincadeira? As palavras também servem para brincar? Leia e copie o poema para descobrir.

Quer brincar?

Alegria de criança
É tão fácil, tão gostosa!
Qualquer sonho se alcança.
E a vida é cor-de-rosa.

O brinquedo ou a caixa,
Tudo serve pra brincar.
Tudo sempre se encaixa
Nesta fase de inventar.

[...]

Até mesmo com palavras
A gente pode brincar.
Está vendo esta poesia?
Eu brinco é de rimar!

Evelyn Heine

s depois de vogal

● Você gosta de escovar os dentes? Leia e copie o texto para descobrir como surgiu a escova de dentes que usamos hoje.

Você já escovou os dentes hoje?

Pois da próxima vez que o fizer, agradeça aos chineses. A primeira escova usada para limpar os dentes surgiu na China, em 1489. Suas cerdas eram feitas com pelos de porco que, mais tarde, foram substituídos por pelos de cavalo. Apenas em 1938 apareceram as cerdas de náilon que utilizamos hoje em dia.

Invenções: desafios e descobertas

● Copie quatro palavras do texto que tenham s depois de uma vogal.

47

z depois de vogal

- Os inuítes vivem perto do polo norte, onde há gelo na maior parte do ano. Para saber um pouco sobre eles, leia e copie o texto.

Os inuítes

Os inuítes vivem nas regiões árticas, na maior parte do ano congeladas, onde faz muito frio. Para se proteger, eles usam anoraques, que são casacos de pele com capuz.
Suas moradias são de madeira e oferecem razoável conforto diante de condições tão adversas. Os inuítes são capazes de caçar e pescar em temperaturas muito abaixo de zero.

Copie as palavras do texto que têm z depois de uma vogal.

ce   ci

🟡 **Por que será que o saci está tão triste? Para saber, leia e copie o texto.**

A outra perna do saci

Decepcionado e triste, o saci saiu pelo fundo do campo procurando se esconder dos outros jogadores. Ele sabia que, por sua causa, o time dos mitos tinha perdido a partida e estava com vergonha. João Paulo foi atrás dele.

— O que foi? Está todo borocoxô. Futebol é assim mesmo. Um dia a gente perde, no outro ganha. O importante é jogar.

— O problema não é esse — disse o saci. — É que os mitos perderam por minha culpa. Eu não podia ter errado aquele pênalti.

Angelo Machado

Brincando com as palavras

● Copie os provérbios, completando-os com o nome das figuras.

52

Onde há 🐍 (fumaça), há 🔥 (fogo).

_____

Filho de 🐟 peixinho é.

_____

🦜 come 🌽, periquito leva a fama.

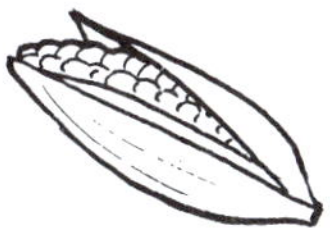

_____

Quem não tem 🐕 (cão) caça com 🐈 (gato).

_____

Quem vê 👦 (cara) não vê ♥ (coração).

_____

Provérbios.

Sons do x

🟡 **Um temporal destruiu o galinheiro. E agora? Para saber o que aconteceu, leia e copie o texto.**

Chuva no galinheiro

Quando tio Chico desceu do táxi, viu que a enxurrada tinha alagado toda a chácara.

Como estava escuro, pegou uma lanterna e foi examinar o galinheiro. Ao se aproximar do local, ficou muito chateado, pois o temporal destruíra tudo e deixara as galinhas expostas ao frio e à chuva.

Tio Chico, então, arrumou um espaço perto da garagem para abrigar as galinhas.

Copie do texto as palavras com x. Elas têm o mesmo som?

55

sc – xc

🔶 **Peras, maçãs, ameixas, pêssegos e figos. Leia e copie o texto sobre as deliciosas frutas do pomar de seu Monteiro.**

O pomar de seu Monteiro

Não há exceção. Todas as frutas que crescem no pomar de seu Monteiro são excelentes.

Sua família consome uma parte das frutas e todos os sábados ele vai até a cidade para vender o excedente na feira.

Todo mundo quer comprar as frutas de seu Monteiro por causa de sua excepcional qualidade.

● **Escreva a resposta da adivinha.**

O que é, o que é? É fruta, mas tem título de nobreza?

Fruta-do-conde.

Encontros consonantais

🟡 **Descubra as respostas, complete os espaços e, depois, copie as palavras.**

Atividade profissional que uma pessoa exerce diariamente de forma remunerada ou assalariada.

T ☐ ☐ B ☐ ☐ ☐ O

Pessoa que conserta eletrodomésticos.

T ☐ ☐ ☐ I ☐ ☐

Grande árvore originária da Austrália. Com sua madeira se faz papel.

E ☐ ☐ ☐ ☐ ☐ ☐ T ☐

Palavra que indica qualidade.

A ☐ ☐ J ☐ ☐ ☐ V ☐

Depois de examinar o paciente, o médico conseguiu fazer o...

D ☐ ☐ ☐ N ☐ ☐ ☐ ☐ C ☐

58

Profissional que defende os direitos dos cidadãos.

| A | | V | | | | | |

_____

Tartarugas, jacarés e cobras são...

| R | | | T | | | |

_____

Conhecida também como espinha. Meninos e meninas detestam.

| A | | N | |

_____

Tem uma grande hélice. Levanta voo verticalmente.

| H | | | | | Ó | | | | | |

_____

🟡 **Explique com suas palavras o que é encontro consonantal.**

_____

59

Brincando com as palavras

● **Escreva a resposta das adivinhas.**

O que é, o que é,

que assim que entra em casa
vai correndo pra janela?

O que é, o que é,

que fica rodando, rodando,
mas não sai do lugar?

O que é, o que é,

é vermelha, não toma chuva,
mas está sempre molhada?

O que é, o que é,

pula para o ar, dá um estouro e vira do avesso?

___

O que é, o que é,

verde como o mato, e mato não é; fala como gente, e gente não é?

___

O que é, o que é,

fica cheio de boca para baixo e vazio de boca para cima?

___

Adivinhas populares

● Leia o poema substituindo o ■ pelo antônimo (o contrário) da palavra de mesma cor.

Em cada coisa, um encanto...

O mundo é cheio de coisas.

É coisa que não acaba mais, ou será que acaba?

Tem de tudo um pouco...

Tem coisas que estão **dentro**,

Tem coisas que estão ■. _____

    Tem coisas que estão **em cima**,

    Tem coisas que estão ■. _____

Tem coisas que são **grandes**,

Tem coisas que são ■. _____

    Tem coisas que são **novas**,

    Tem coisas que são ■. _____

Tem coisas que são ■, _____

Tem coisas que são **molhadas**...

O mundo é cheio de coisas,

De coisas diferentes,

E dentro de cada coisa

Existe um segredo,

Existe um encanto,

Que a gente vai descobrindo

Brincando, cantando e estudando...

Berenice Gehlen Adams

● Agora, escreva o antônimo de cada palavra.

a) dentro e _____

b) em cima e _____

c) grandes e _____

d) novas e _____

e) _____ e molhadas

● Haicai é um poema curto, de origem japonesa. Leia os haicais a seguir e complete-os com a palavra correta do quadro, seguindo a rima.

buzina   aposentado

Pássaro pousado
no espantalho

O pato, menina,
é um animal
com

Millôr Fernandes

BIBLIOGRAFIA

ADAMS, Berenice Gehlen. Em cada coisa, um encanto... In: *Versos moleques*. Belíssimos poemas infantis. Disponível em: <https://pt.scribd.com/document/90004430/Versos-Moleques-Belissimos-Poemas-Infantis>. Acesso em: 25 fev. 2019.

AGUIAR, Aldo. *A ecologia no sítio do Taquaral*. São Paulo: Edicon, 2000.

CONHEÇA alguns fatos curiosos sobre os jacarés. *Megacurioso*. Disponível em: <https://www.megacurioso.com.br/animais/48127-conheca-alguns-fatos-curiosos-sobre-jacares.htm>. Acesso em: 2 maio 2019.

DINOSSAUROS: a Terra dominada por gigantes. São Paulo: Abril Multimídia, [s.d.]. (De olho no mundo).

FERNANDES, Millôr. Disponível em: <http://www2.uol.com.br/millor/haikai/001/032.htm> e <http://www2.uol.com.br/millor/haikai/001/030.htm>. Acesso em: 27 fev. 2019.

GULLAR, Ferreira. *Poema sujo*. São Paulo: Círculo do Livro, [s.d.]. Disponível em: <http://static.recantodasletras.com.br/arquivos/5319037.pdf>. Acesso em: 24 fev. 2019.

HEINE, Evelyn. *Poesias para crianças*. Blumenau: Todolivro, [s.d.]. Disponível em: <https://nuhtaradahab.wordpress.com/2011/12/28/evelyn-heine-poesias-divertidas-para-criancas/>. Acesso em: 22 fev. 2019.

INVENÇÕES: desafios e descobertas. São Paulo: Abril Multimídia, [s.d.]. (De olho no mundo).

MACHADO, Angelo. *A outra perna do saci*. Rio de Janeiro: Nova Fronteira, 2001.

MISTÉRIOS DO MAR: a vida sob as águas. São Paulo: Abril Multimídia, [s.d.]. (De olho no mundo).

MONTEIRO, José Maviael. Bichos que usam disfarces para defesa. *Folha de S.Paulo*, São Paulo, 6 nov. 1993. Folhinha.

MURRAY, Roseana. *Artes e ofícios*. São Paulo: FTD, 2007.

REINACH, Fernando. Que árvores existem na Amazônia? *O Estado de S. Paulo*, São Paulo, 11 nov. 2013. Disponível em: <www.estadao.com.br>. Acesso em: fev. 2019.